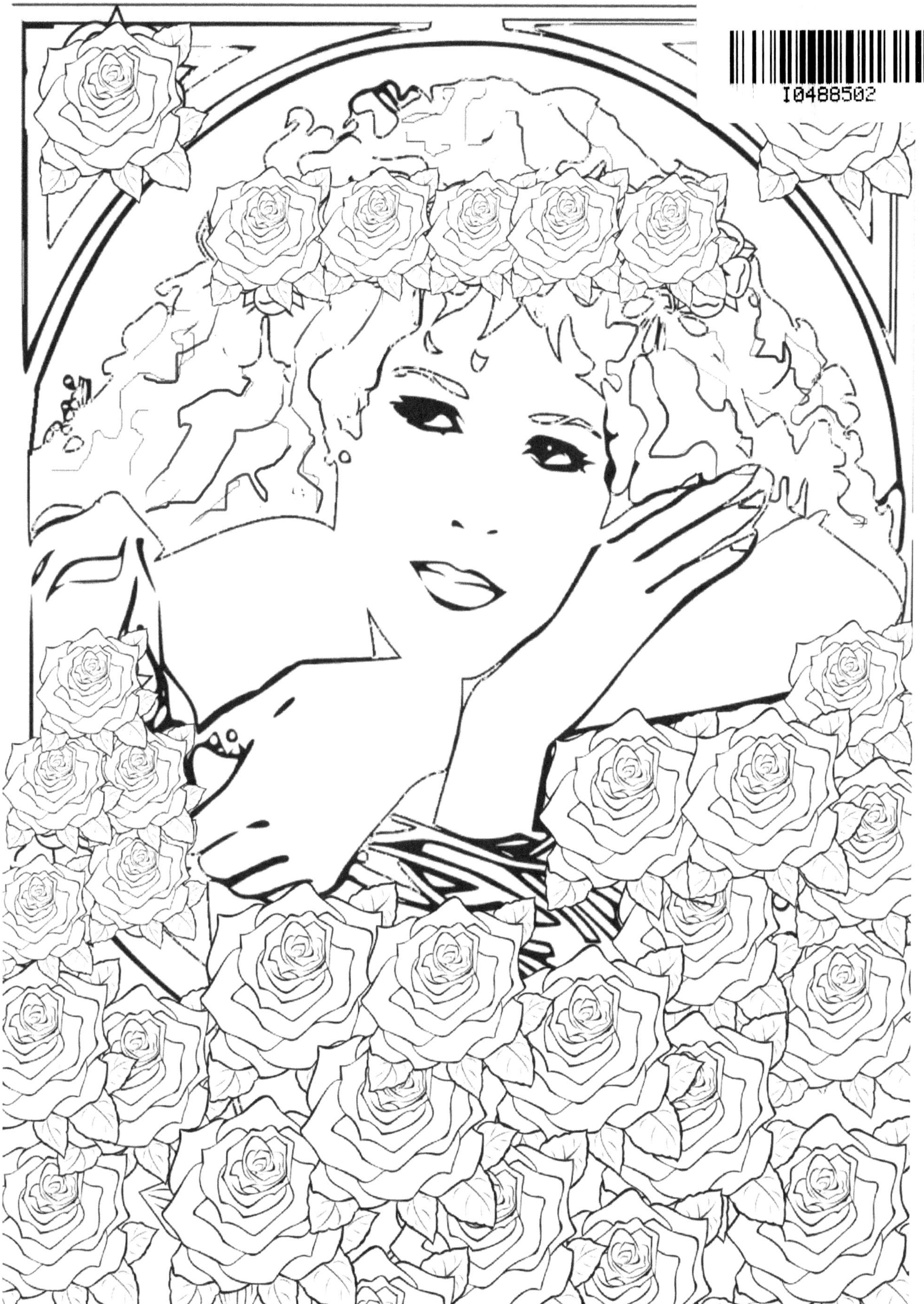

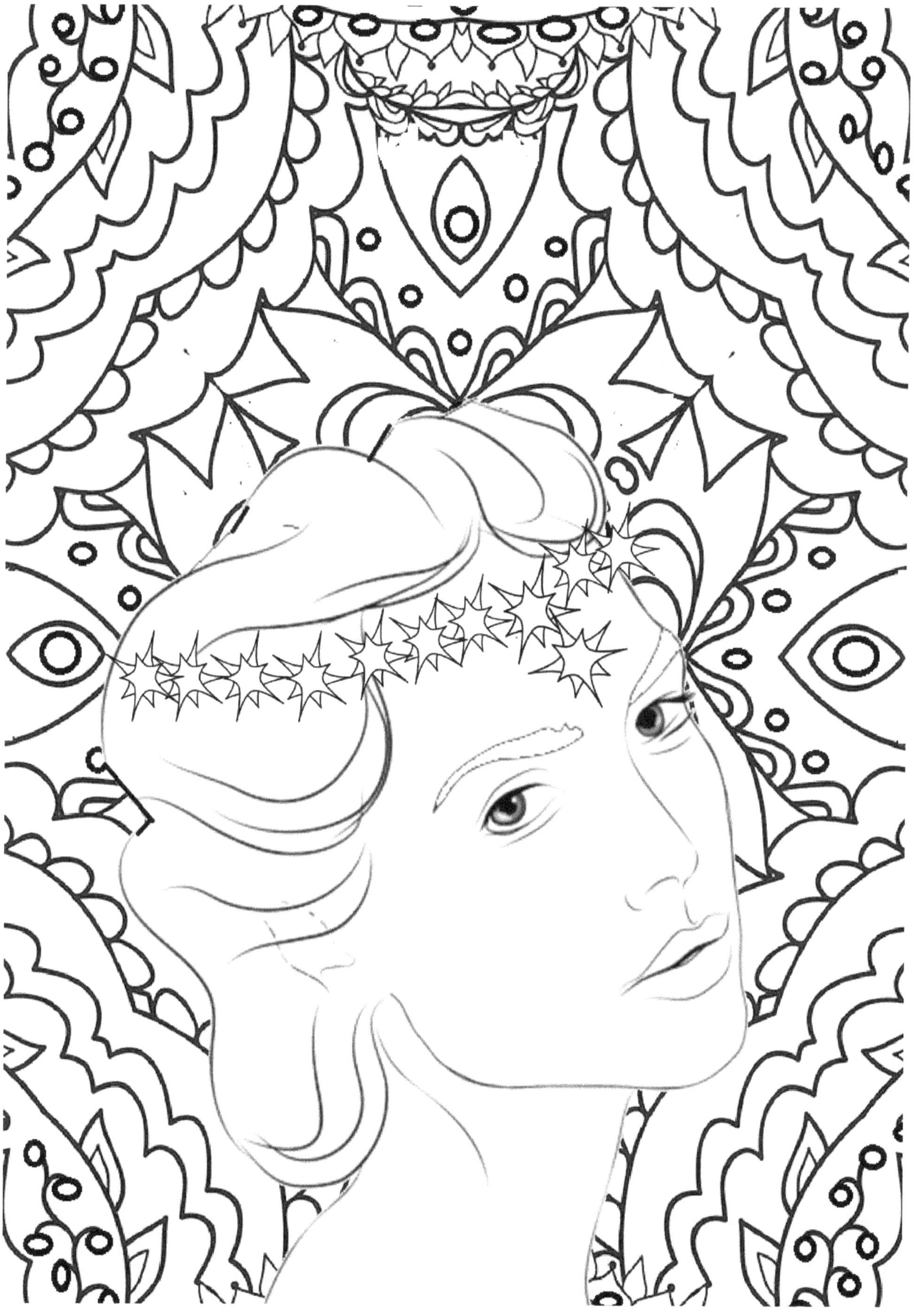

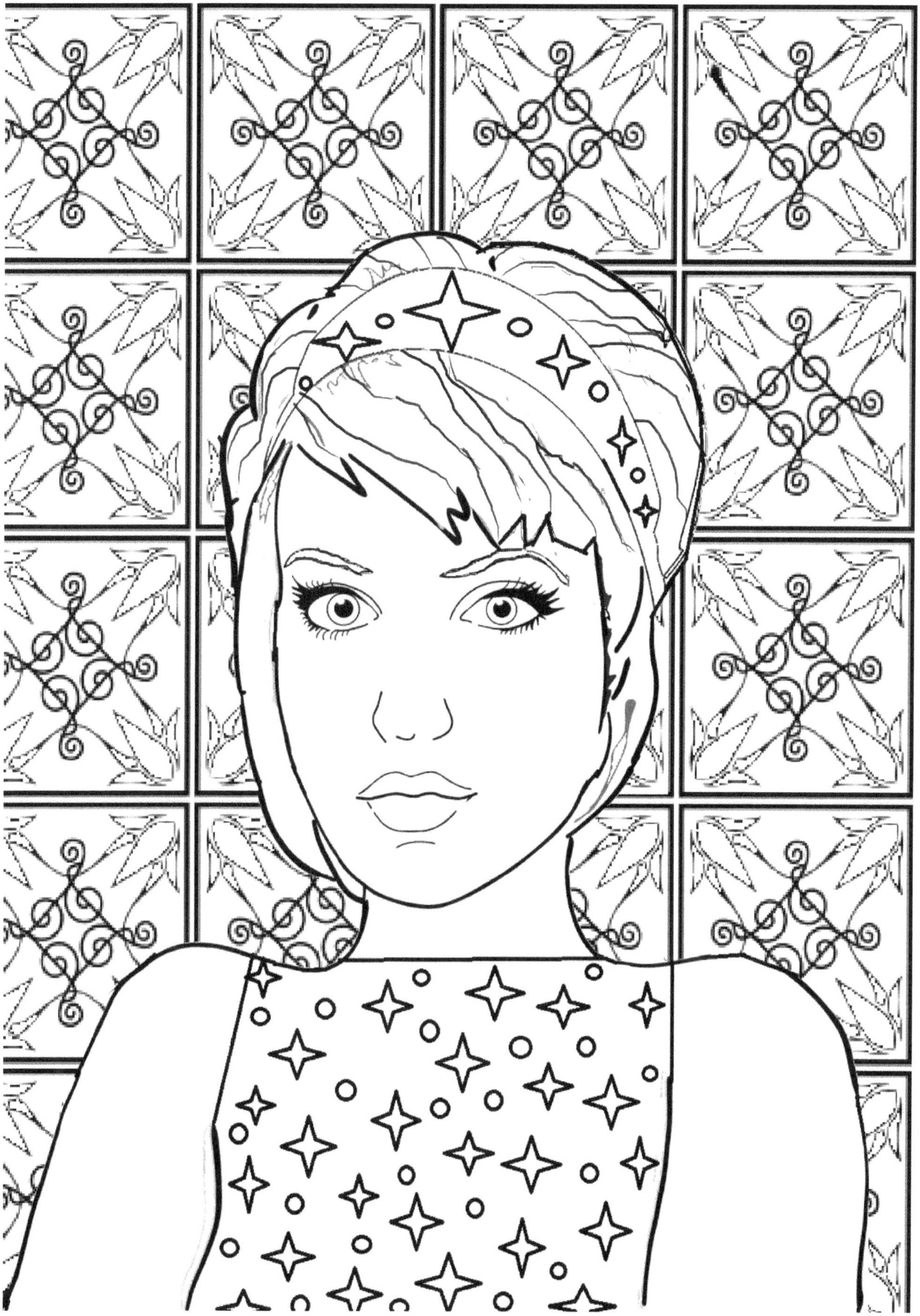

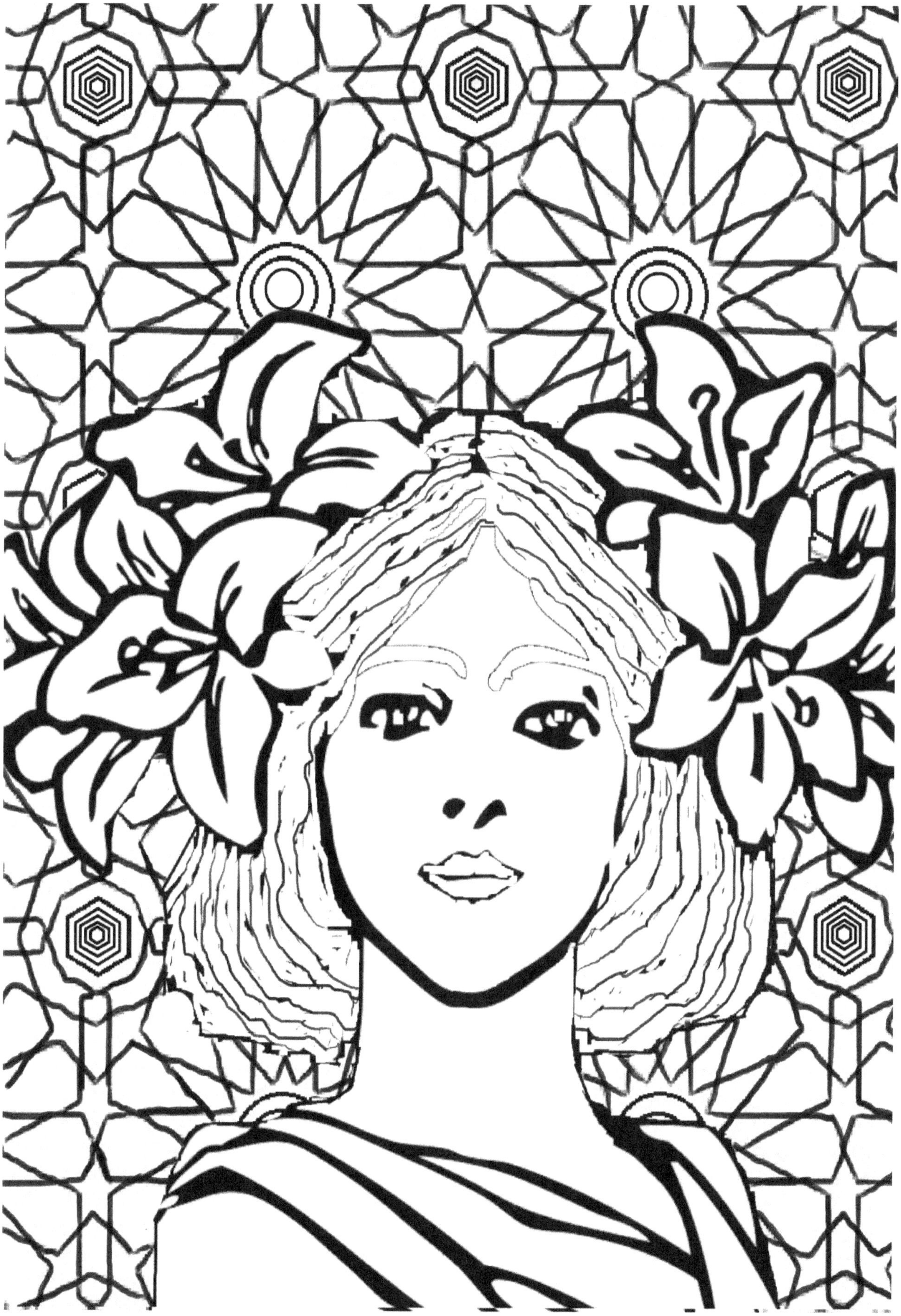

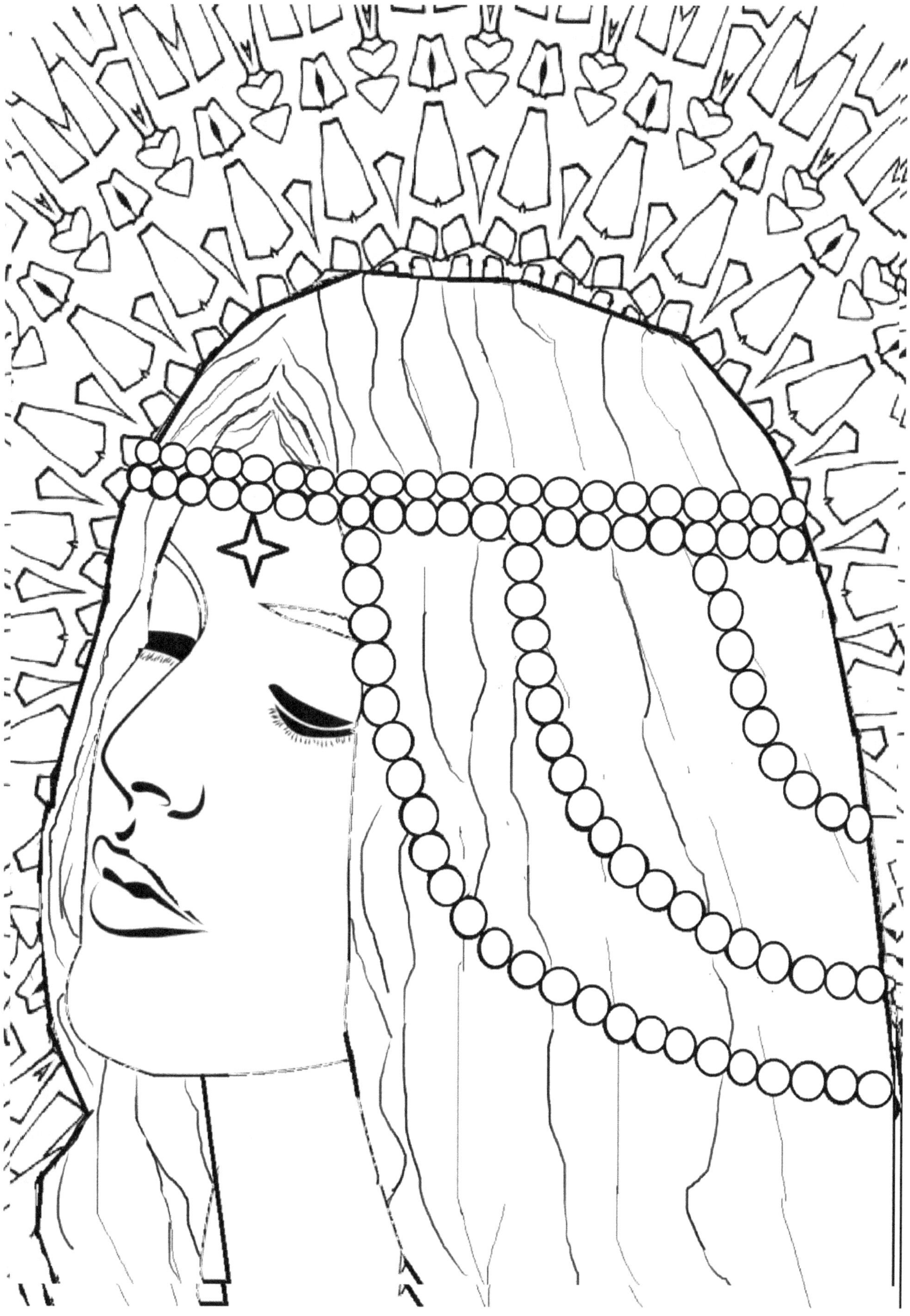

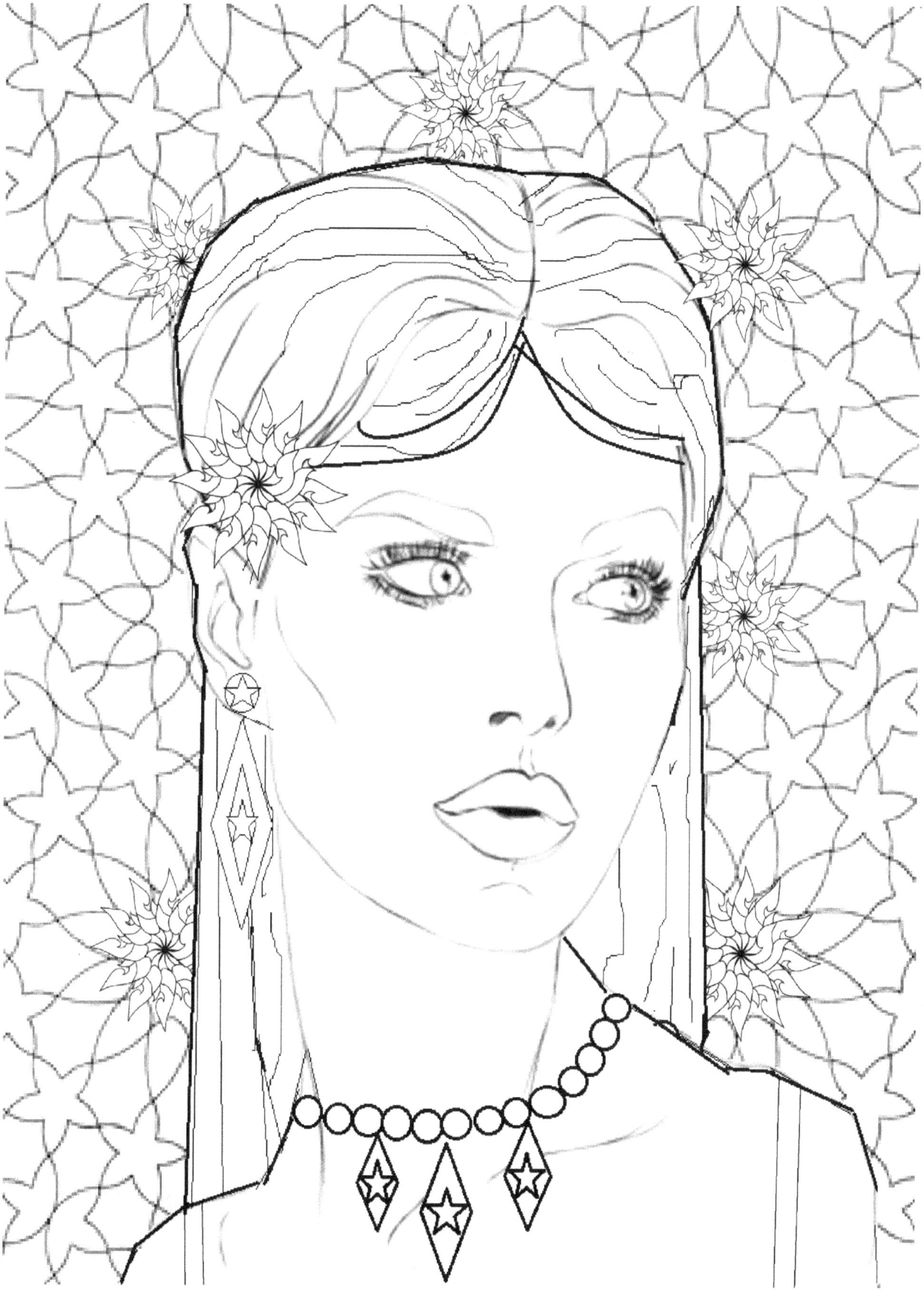

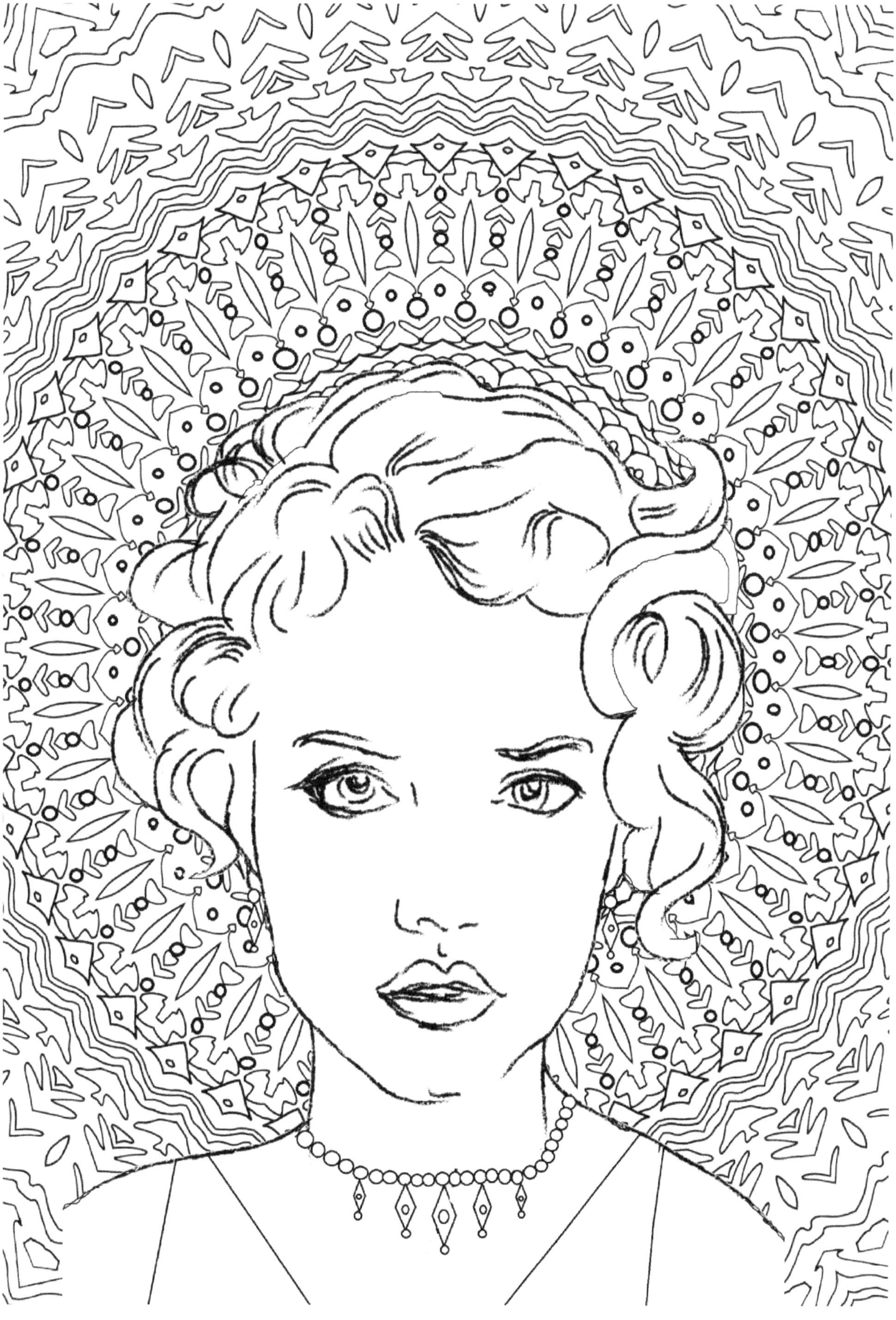

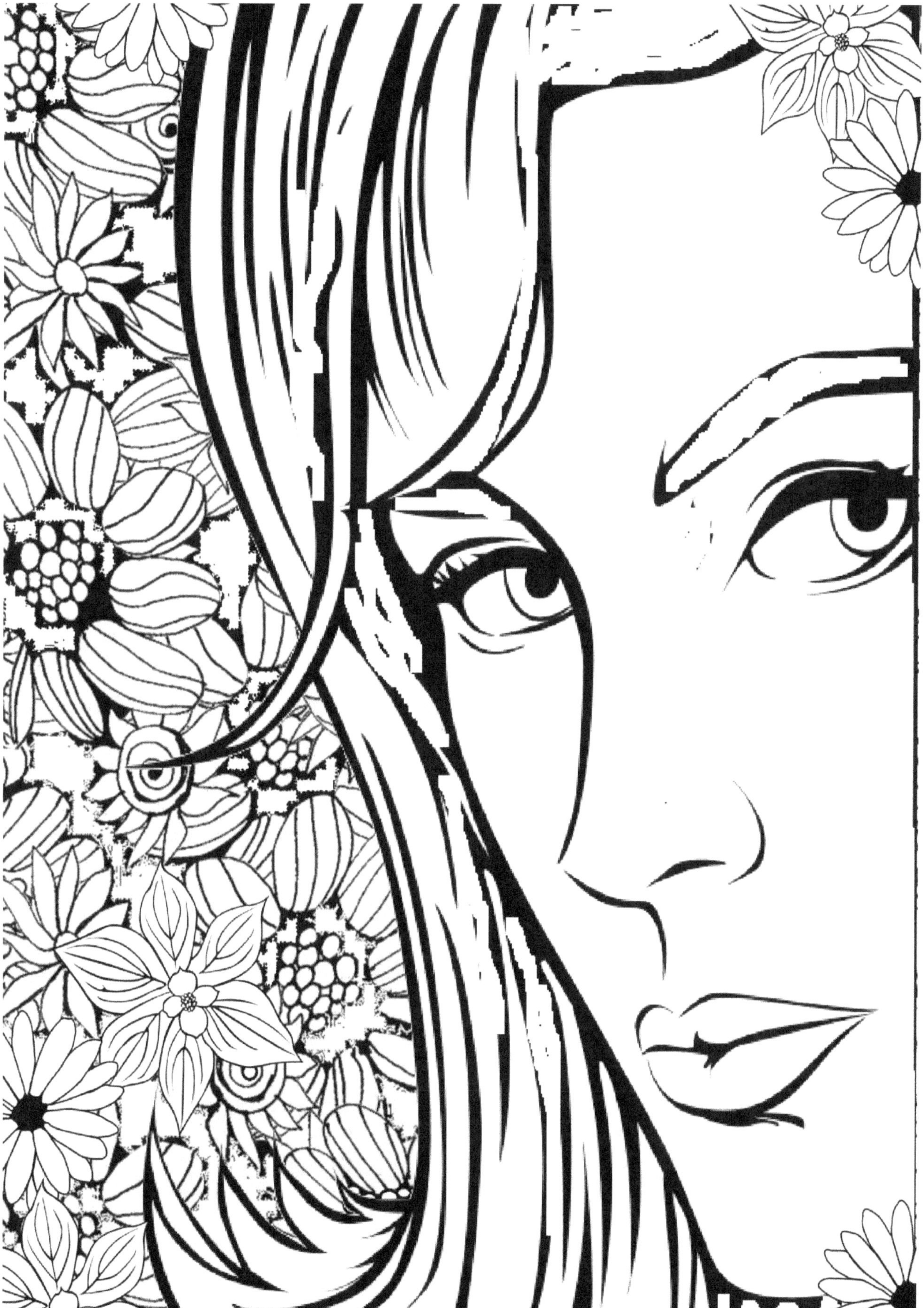

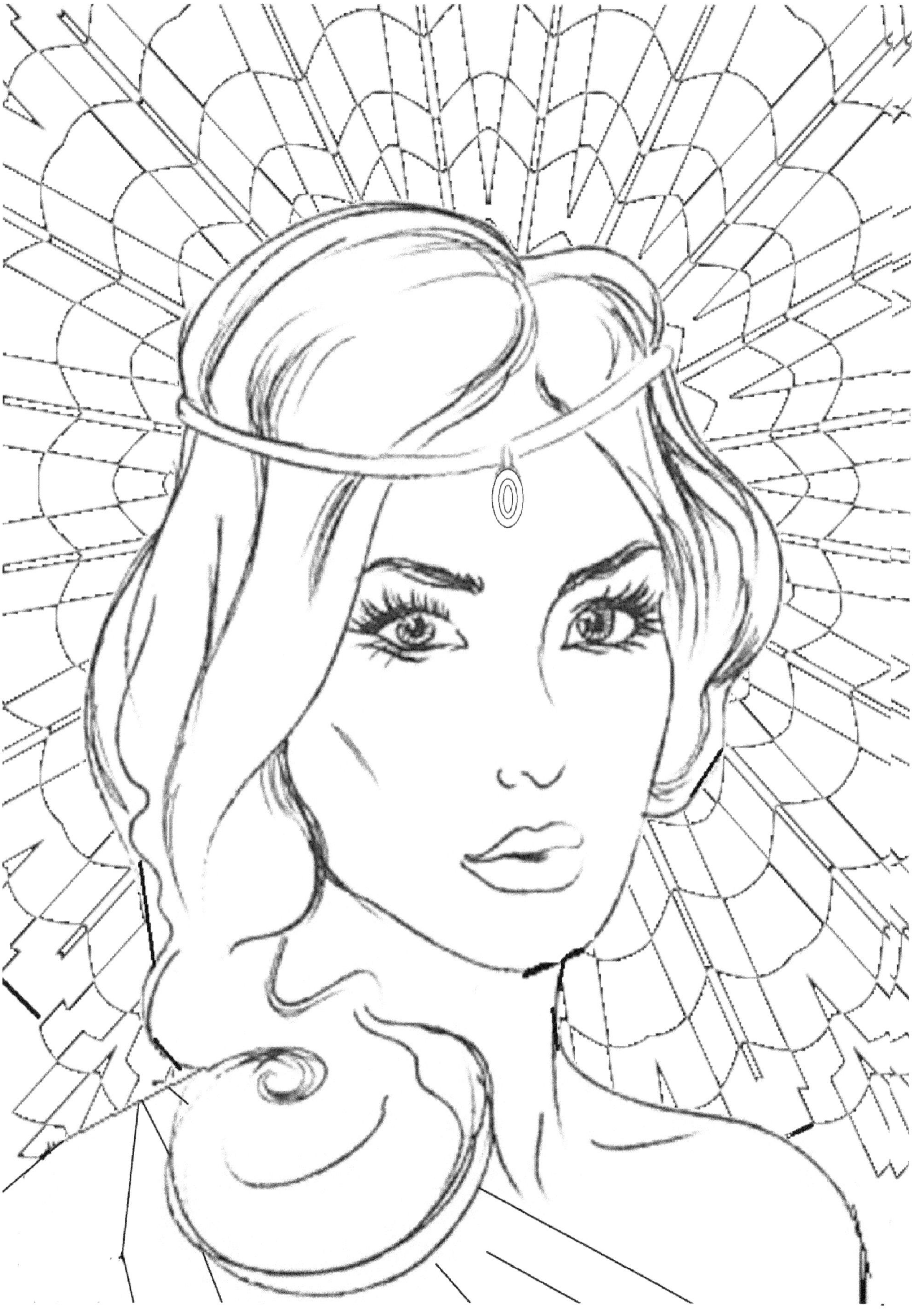

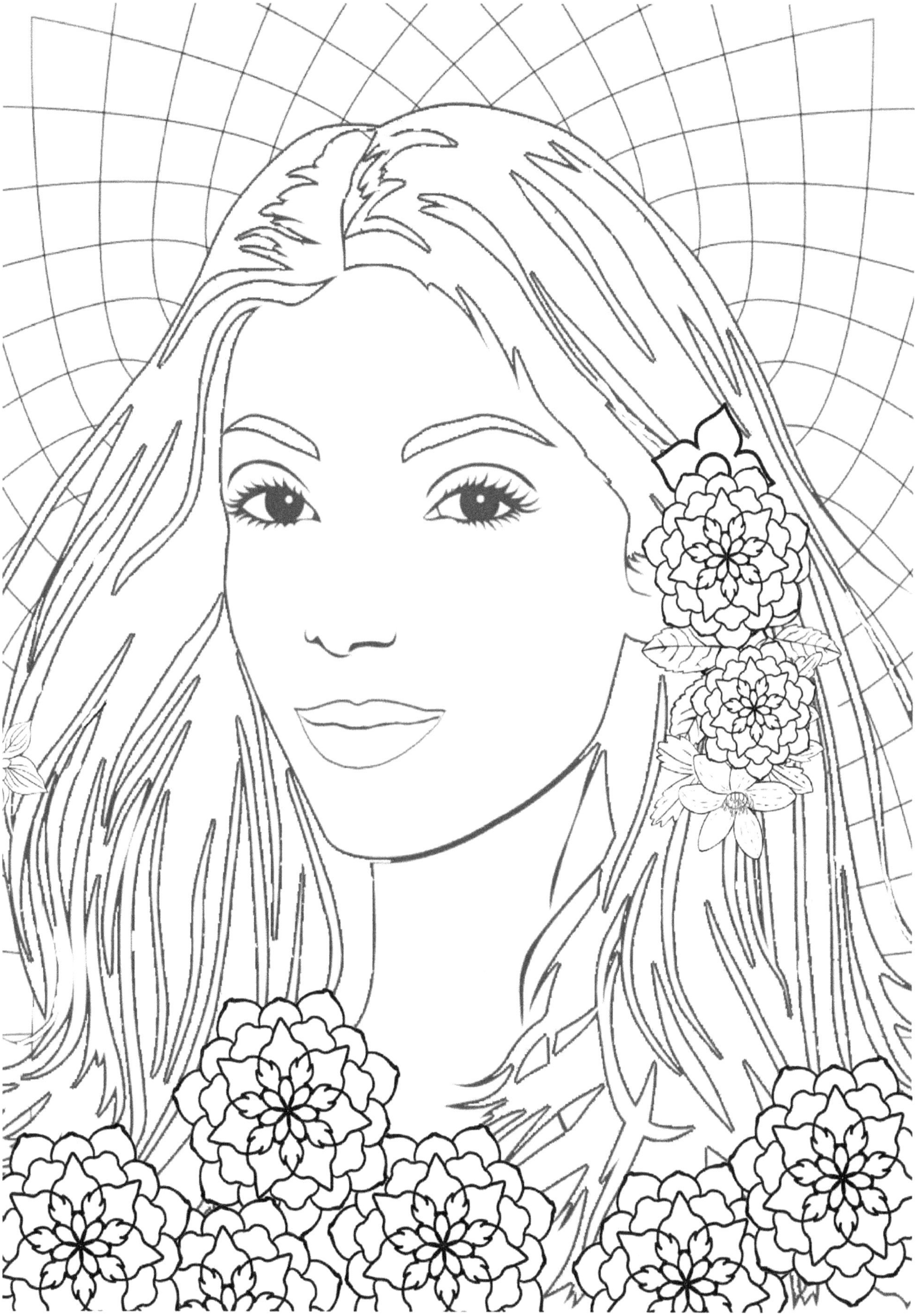

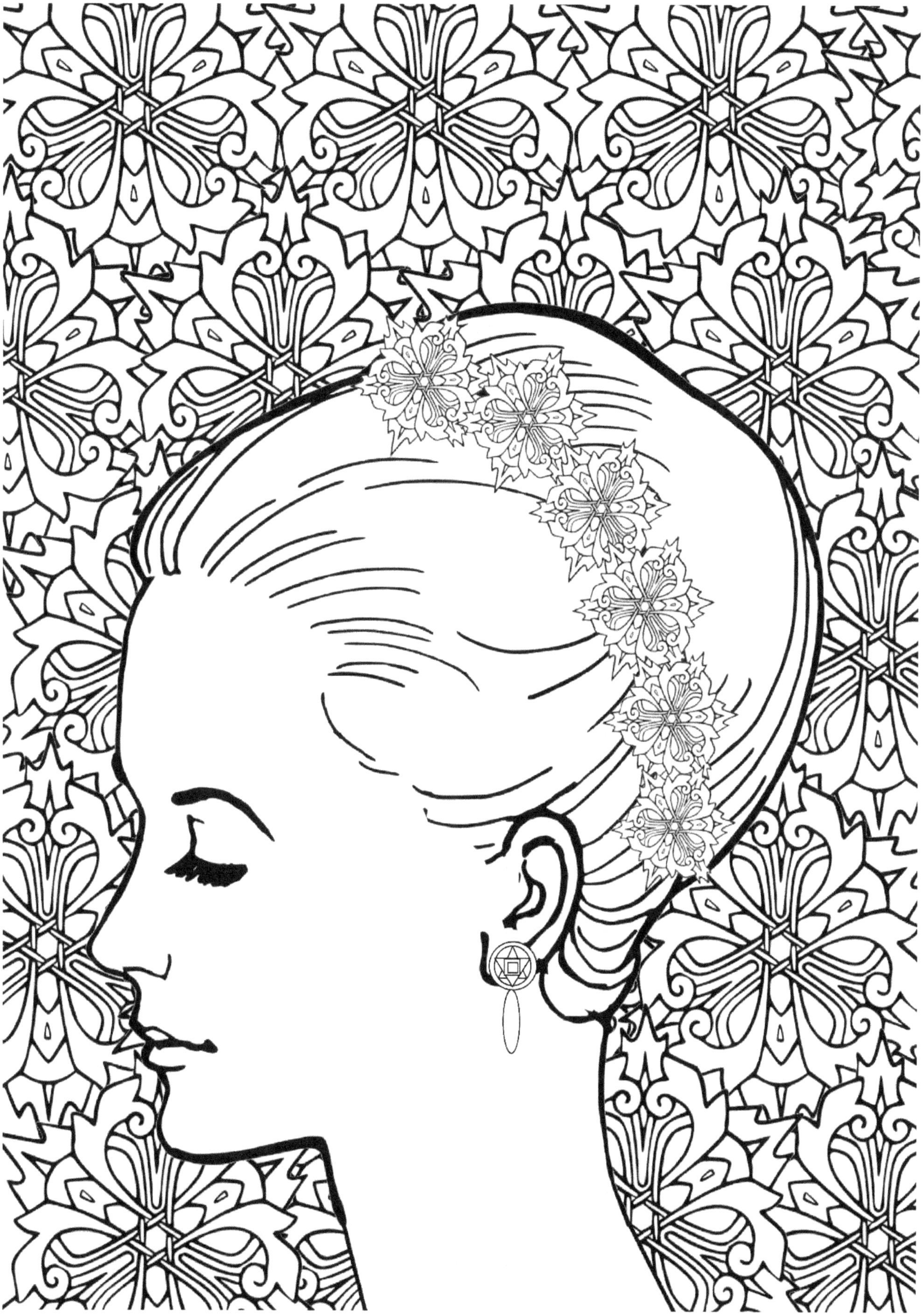

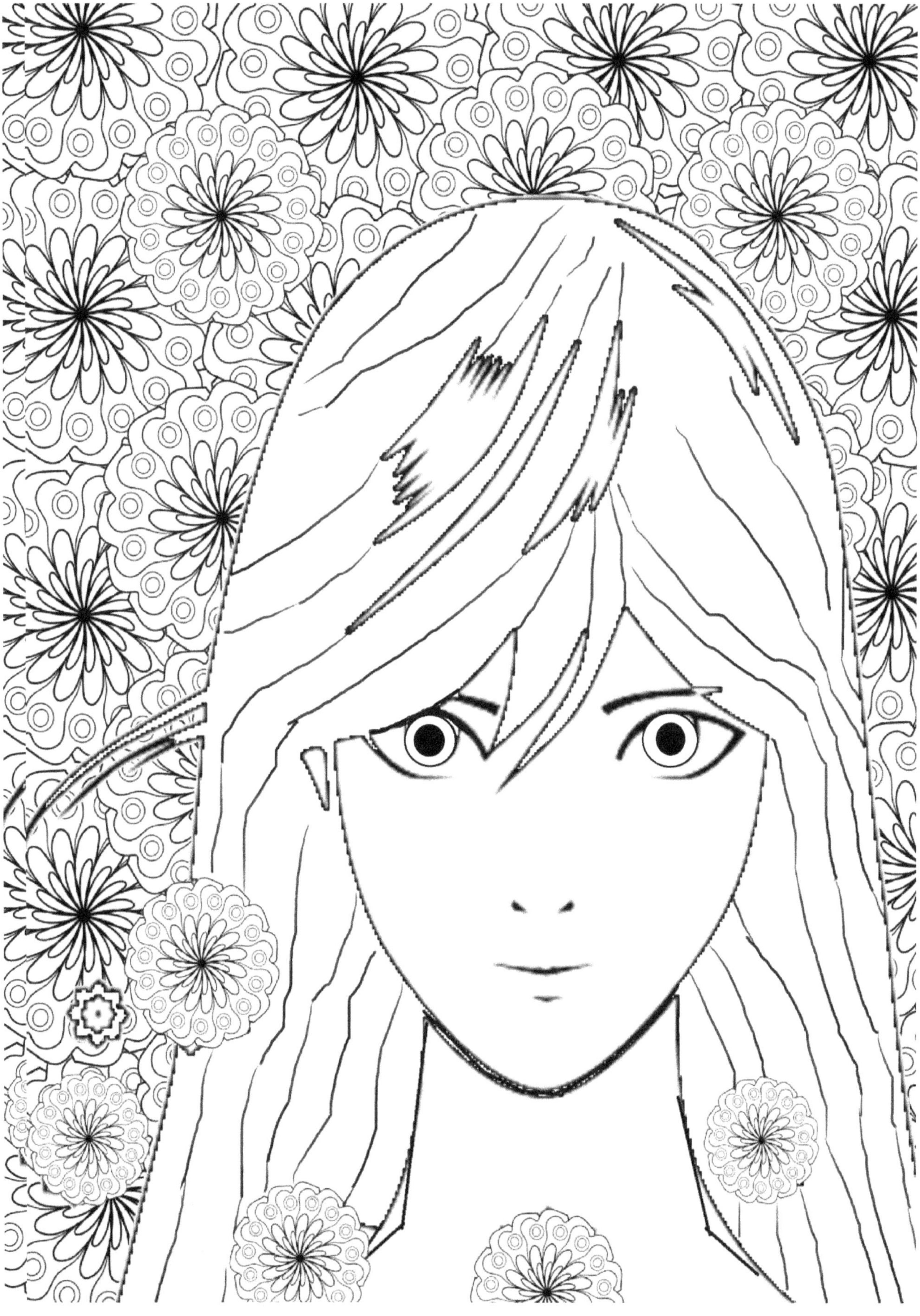

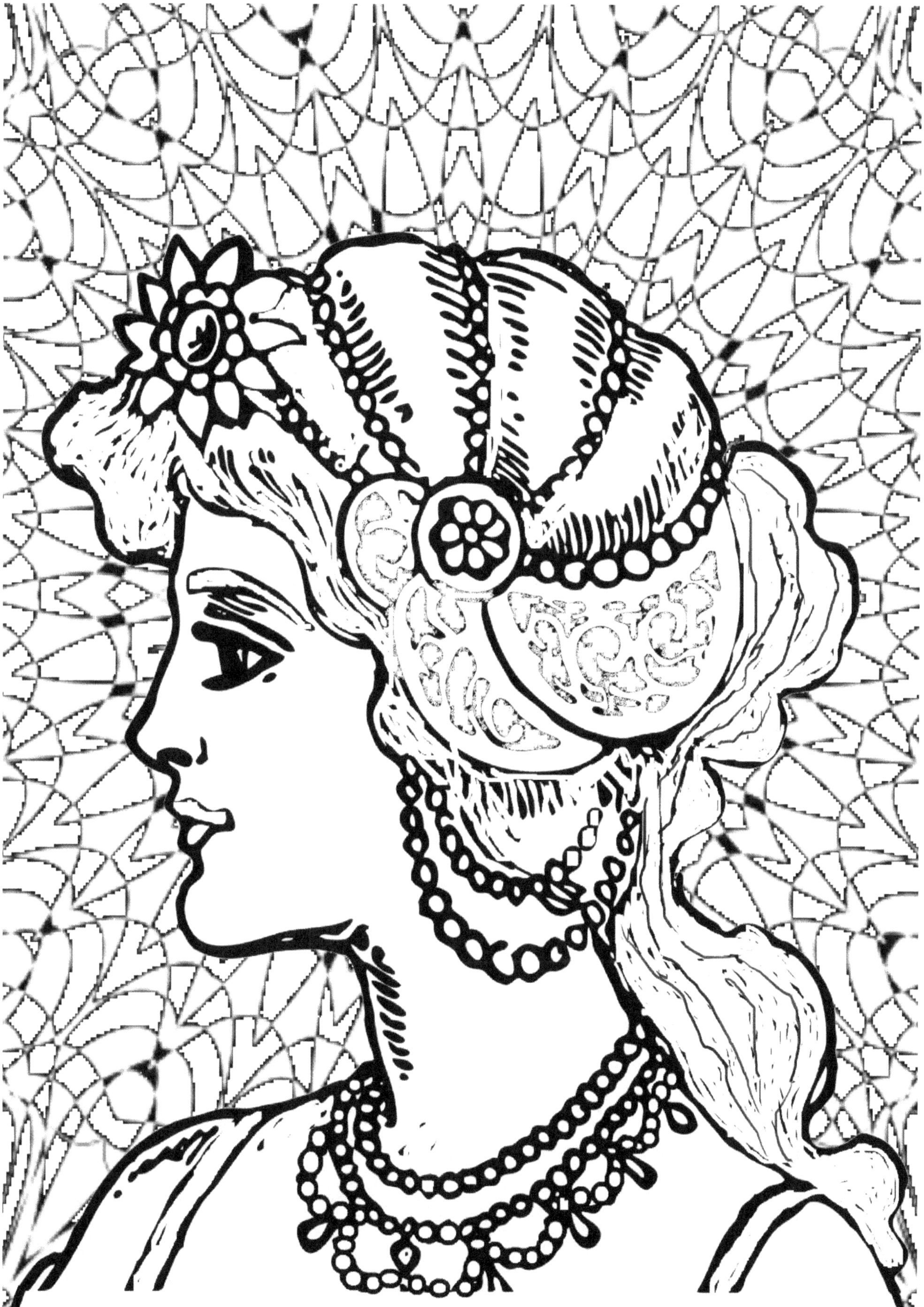

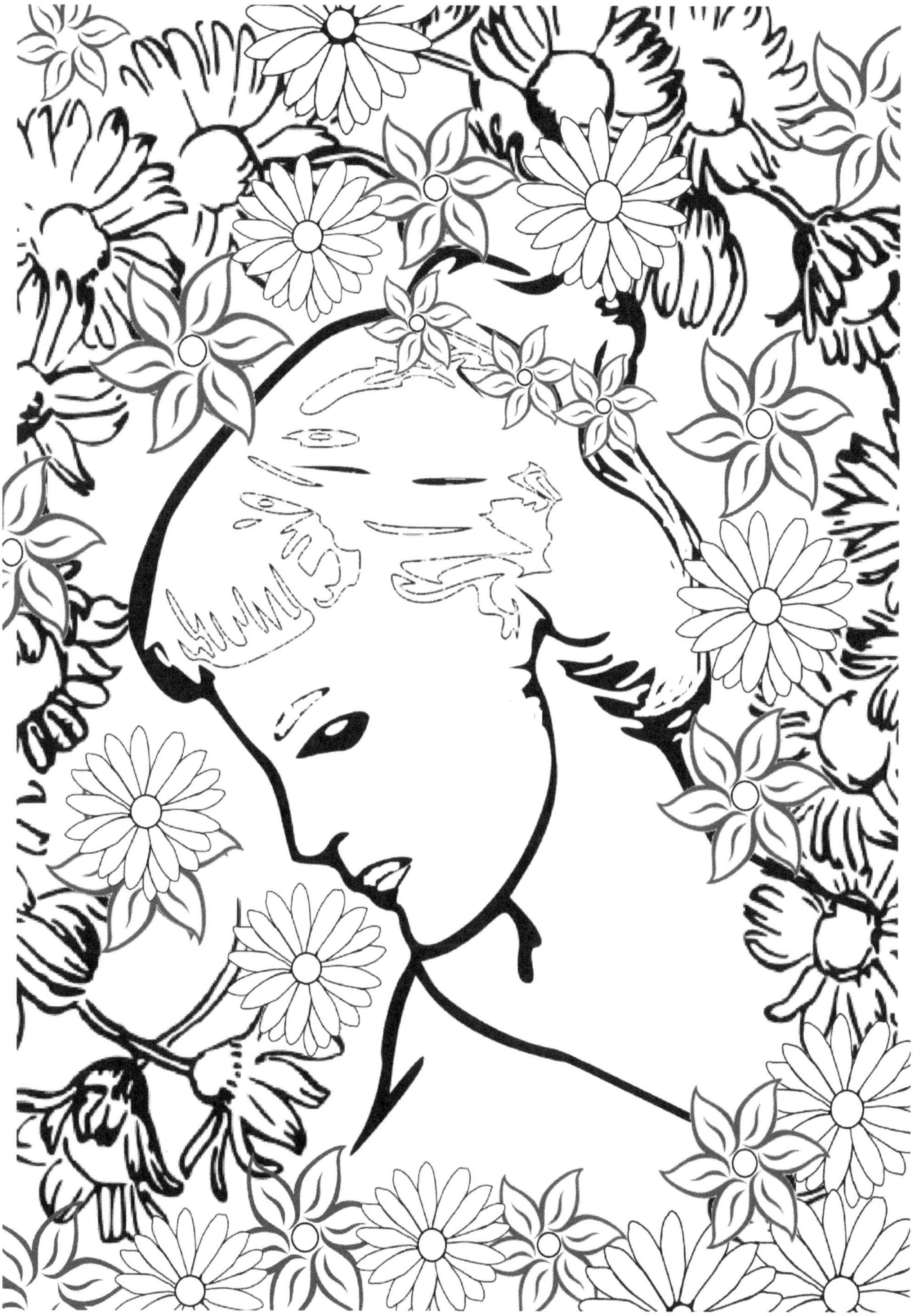

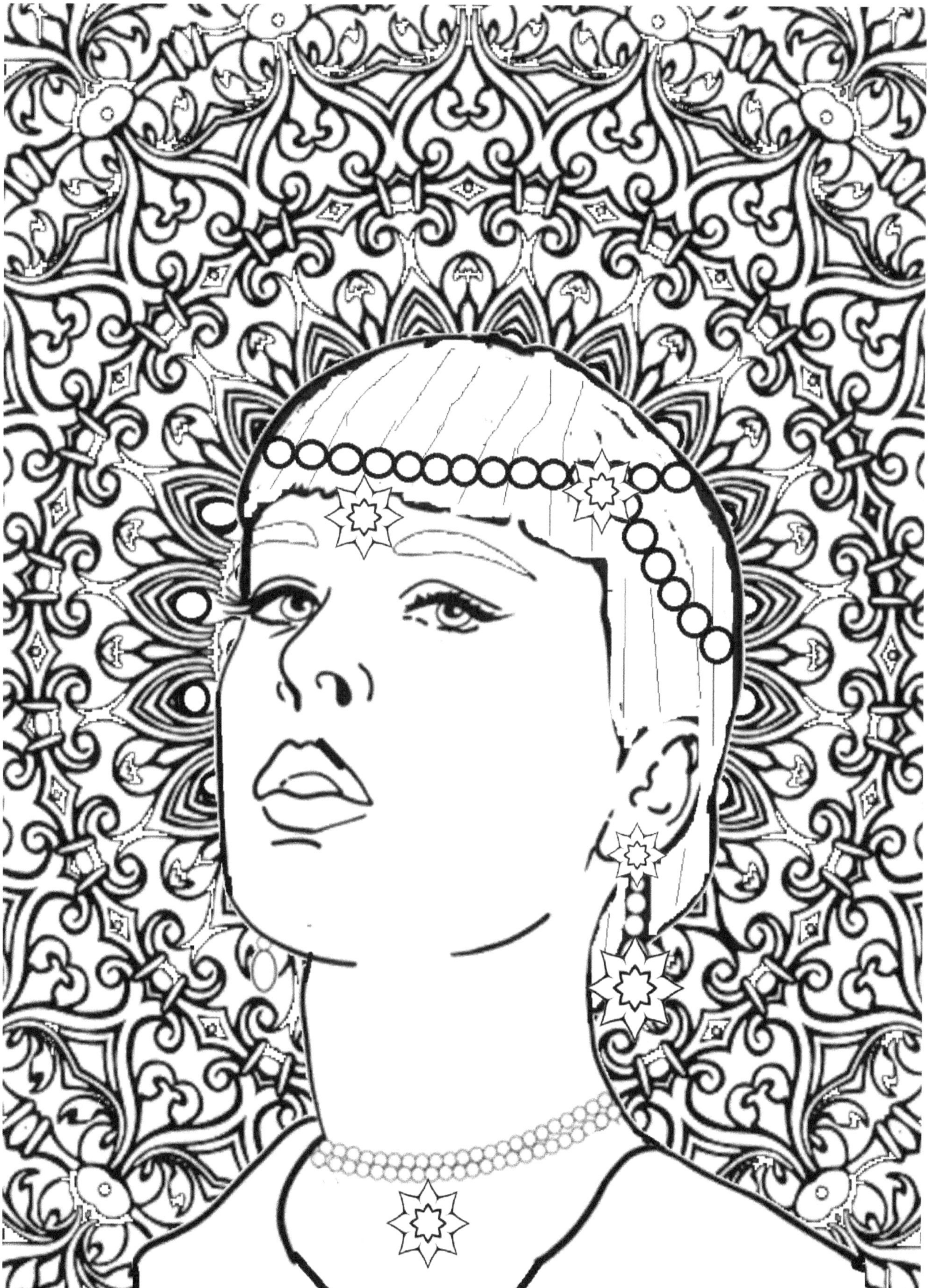

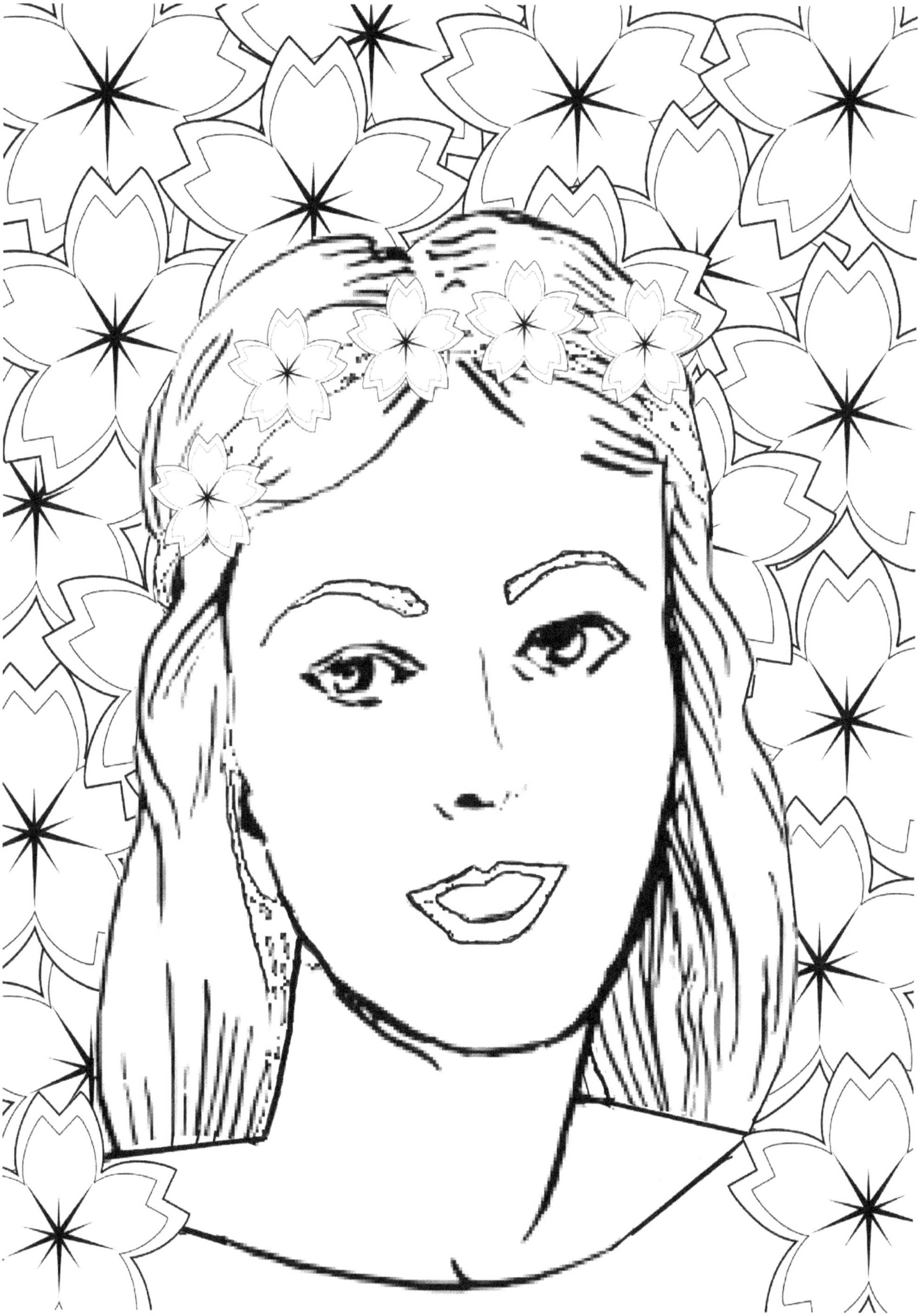

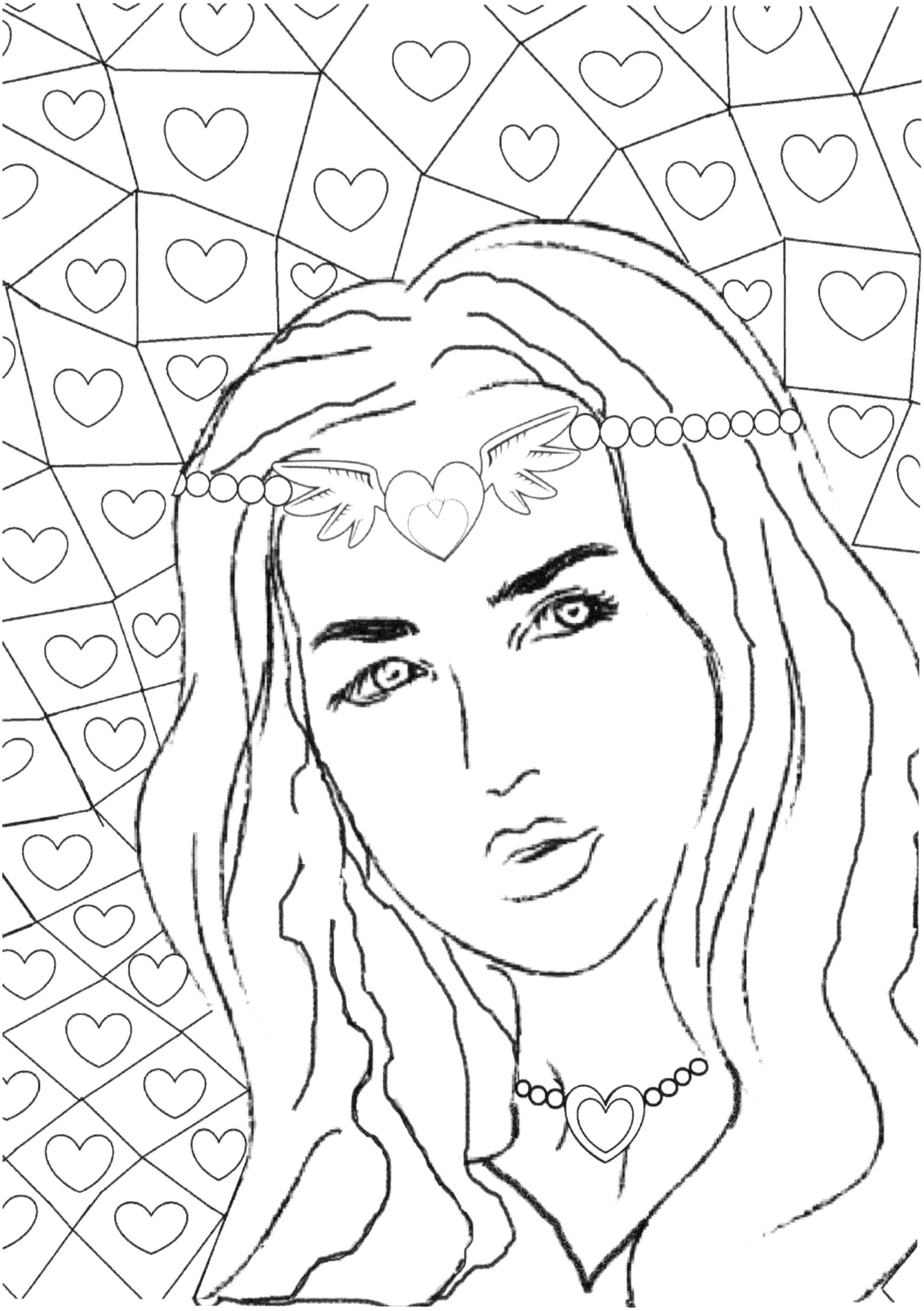

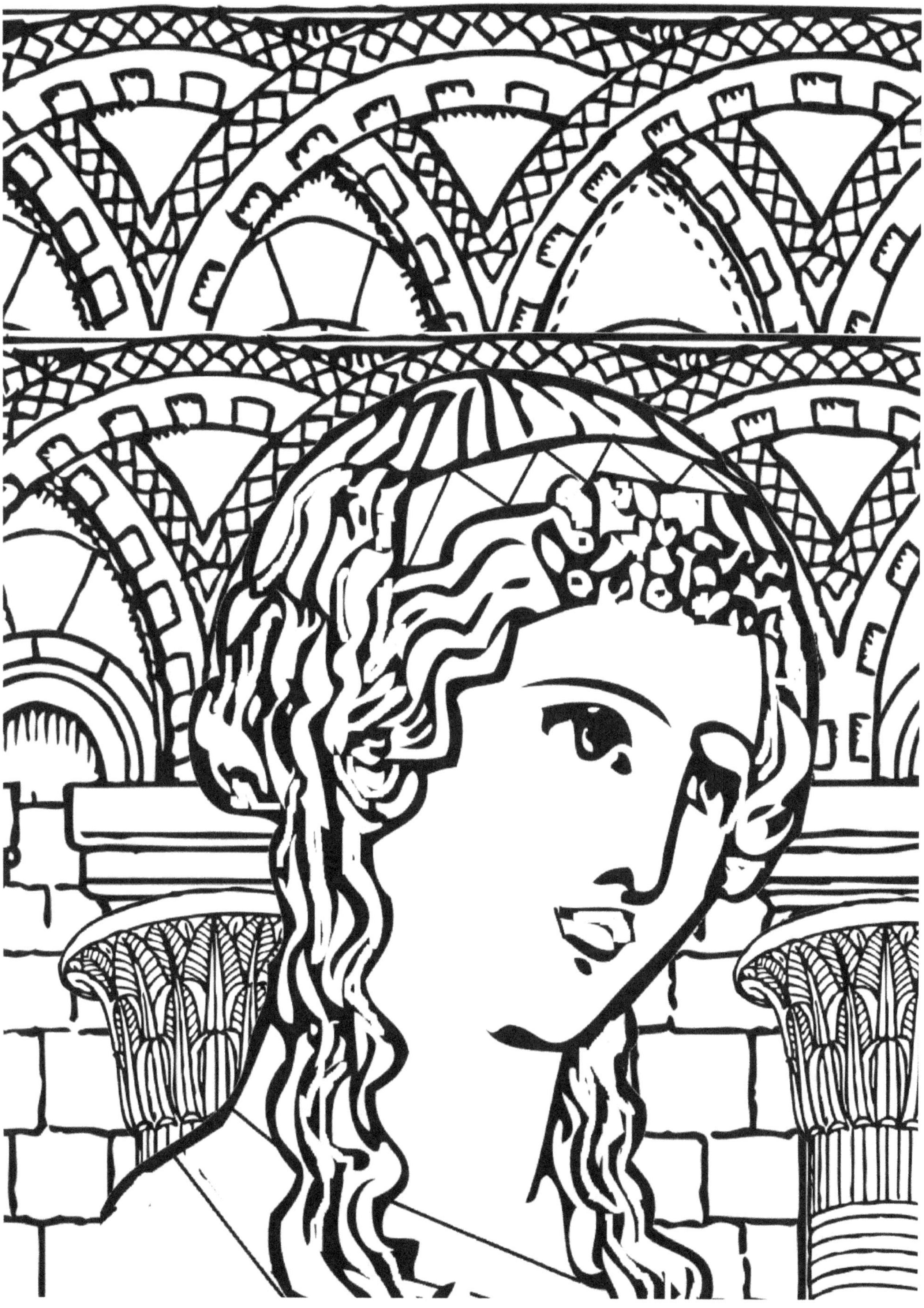

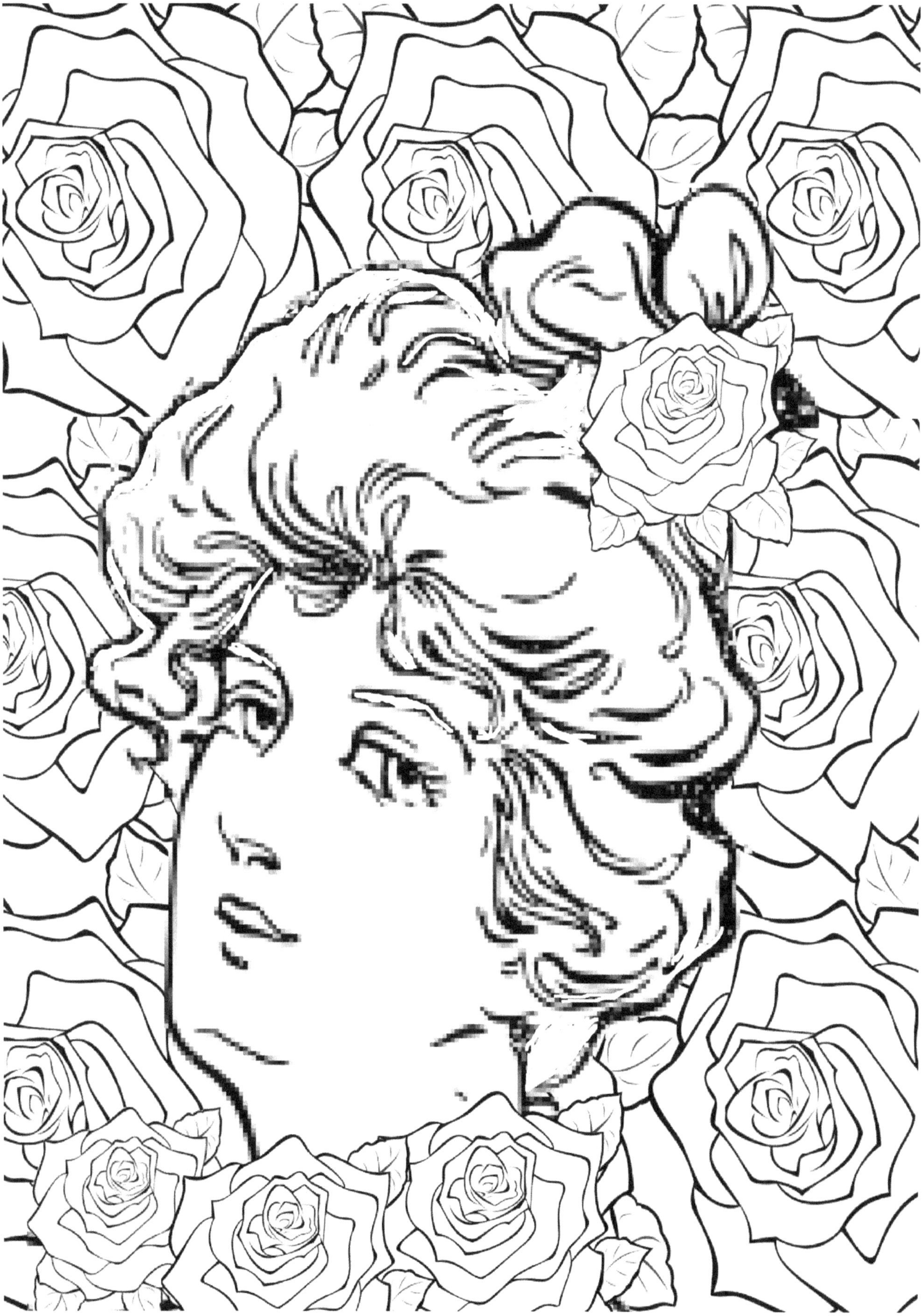

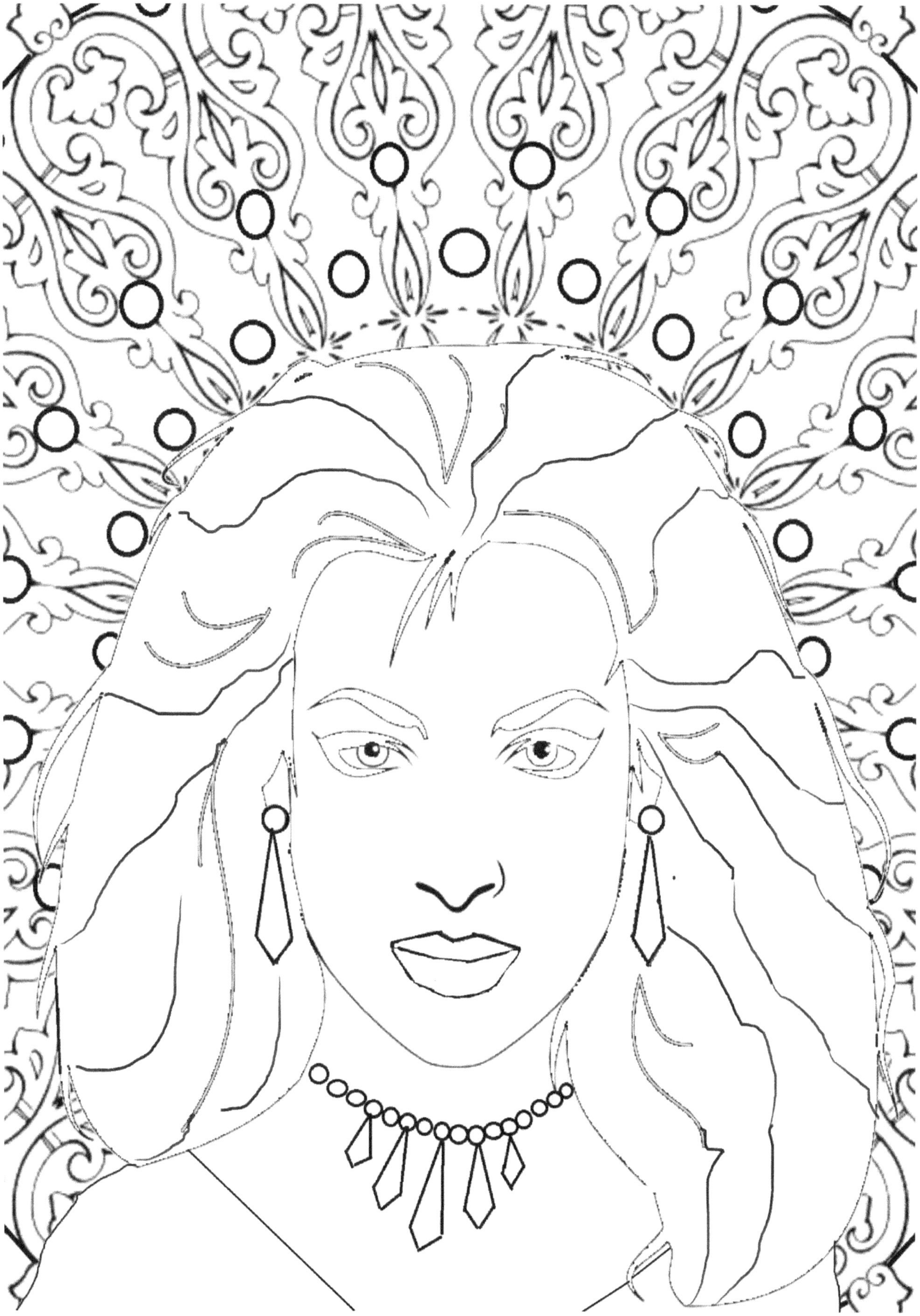

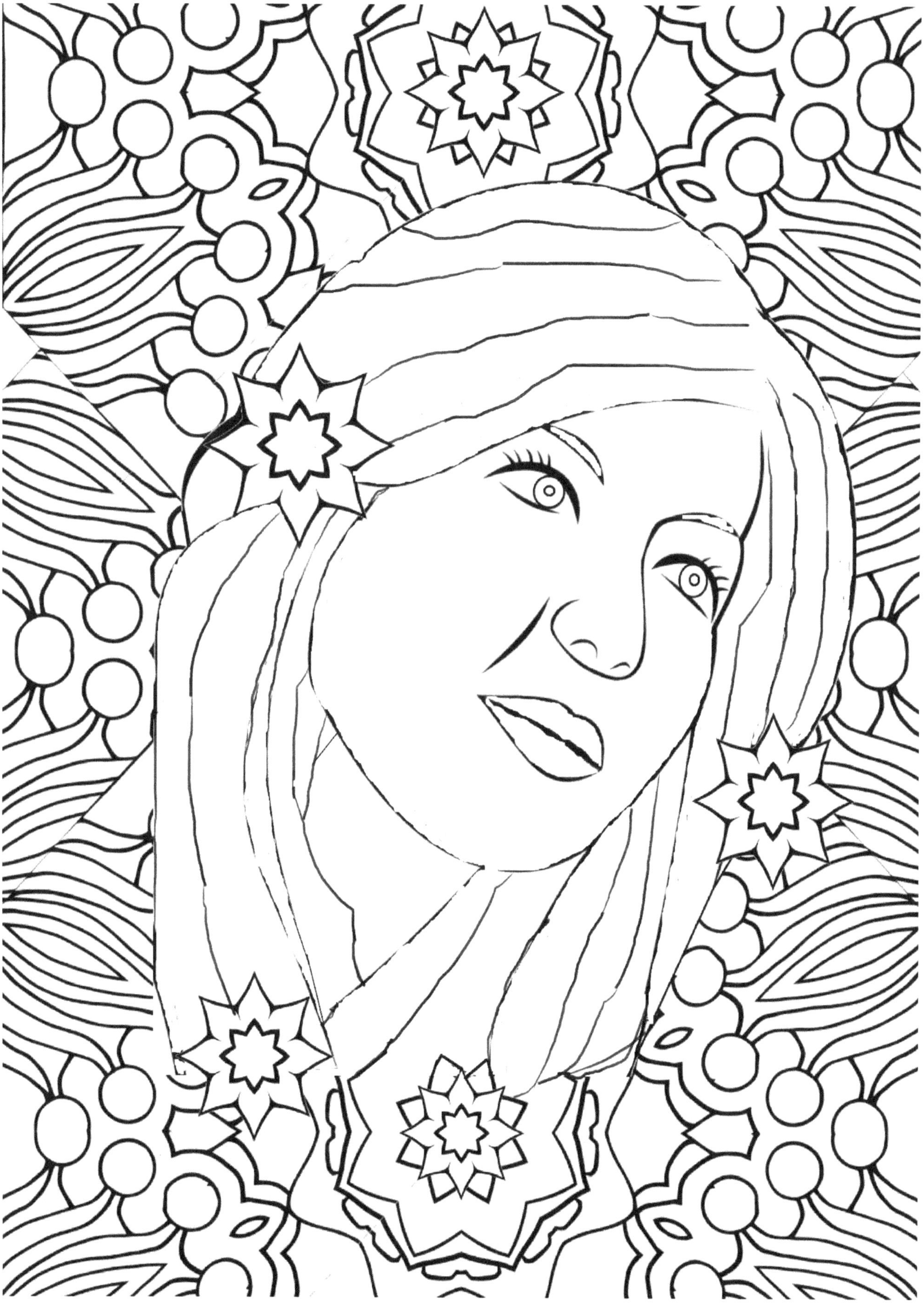

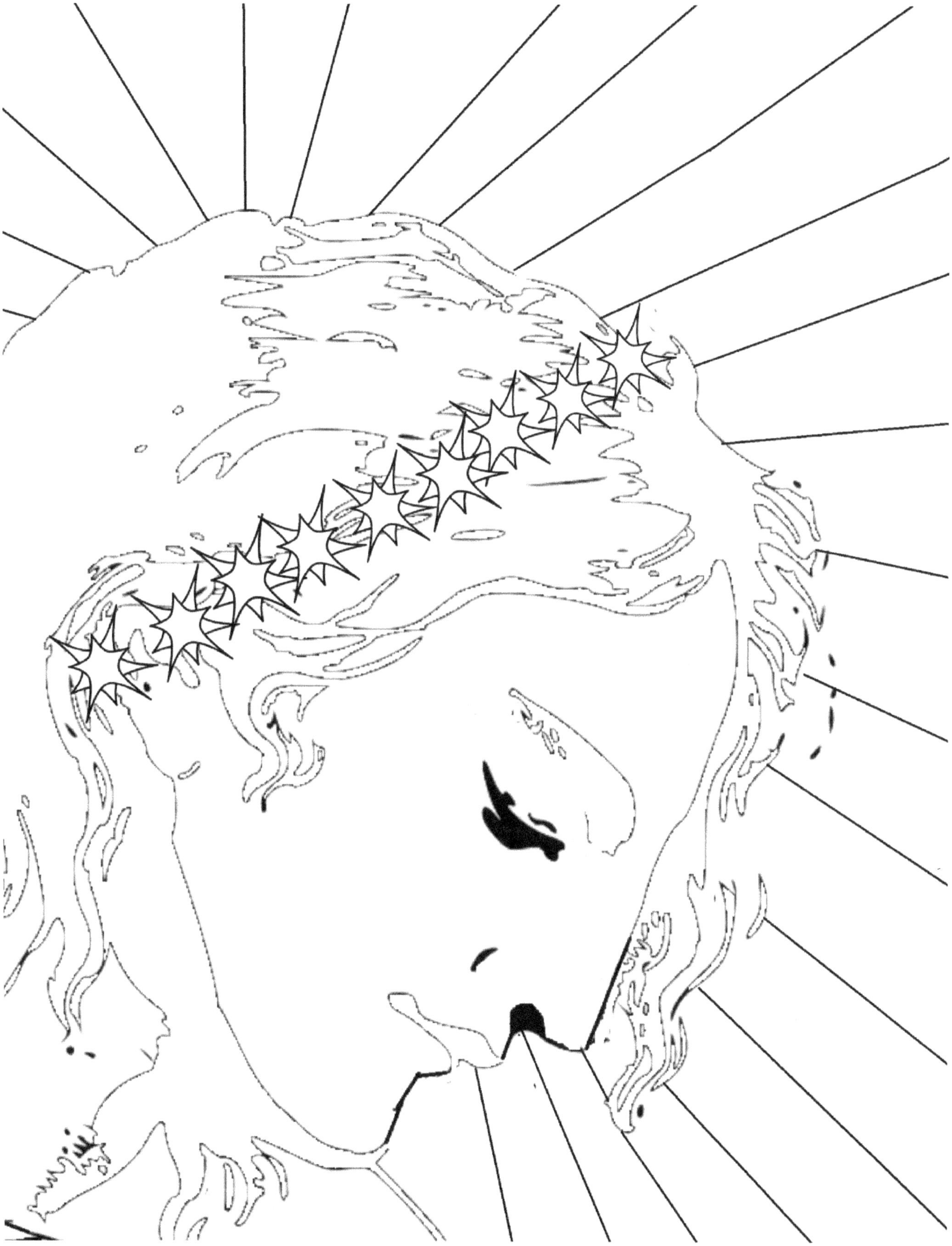

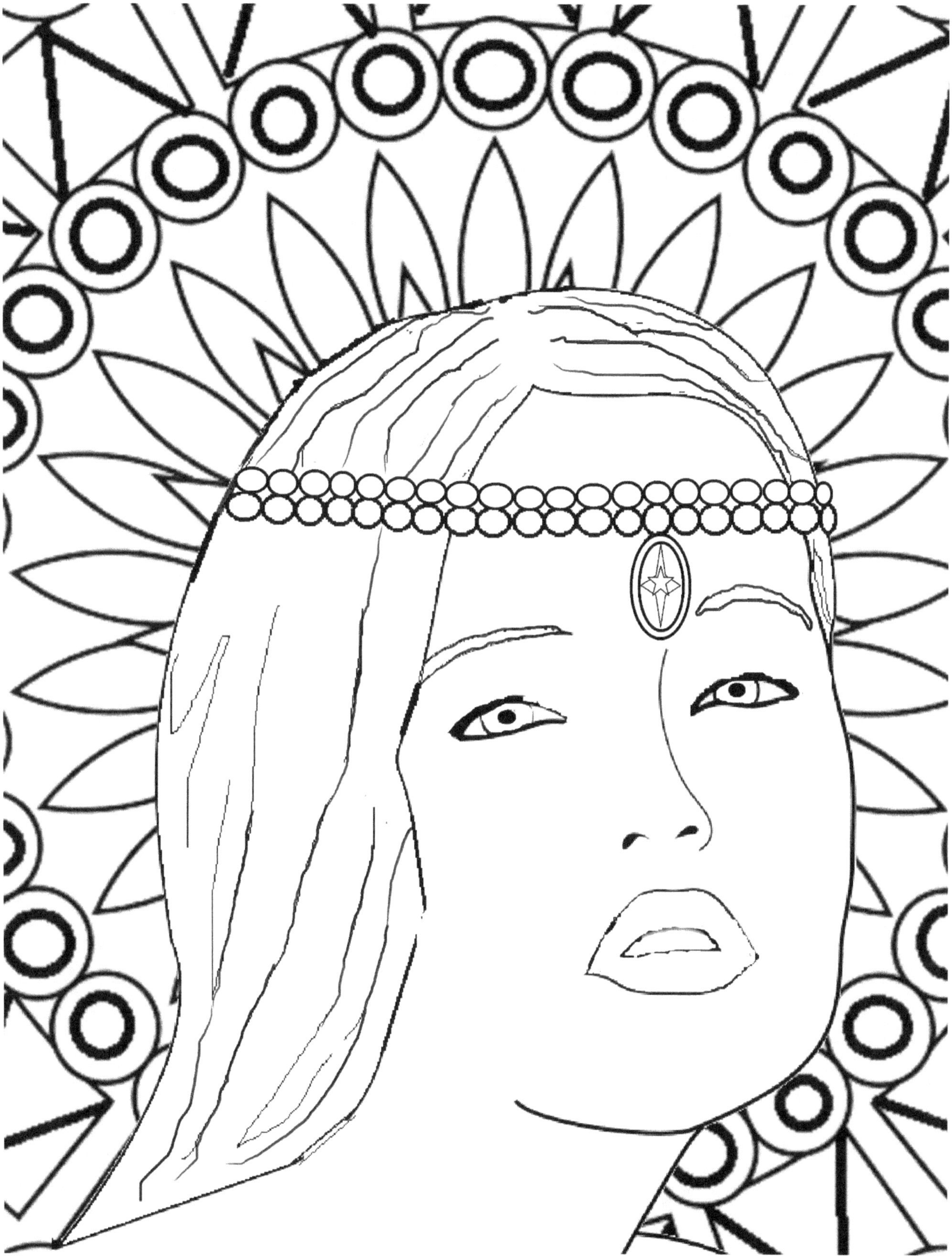

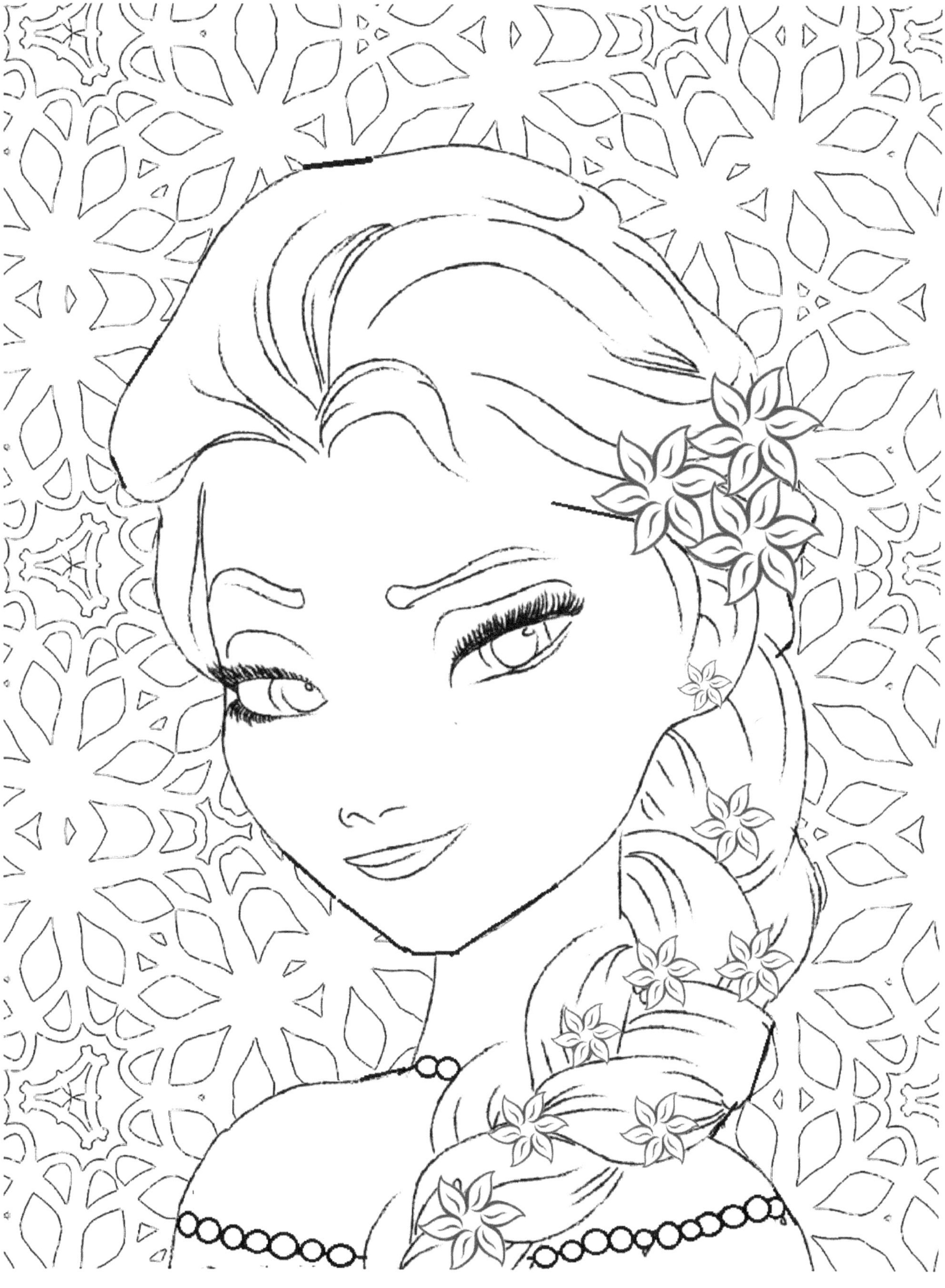

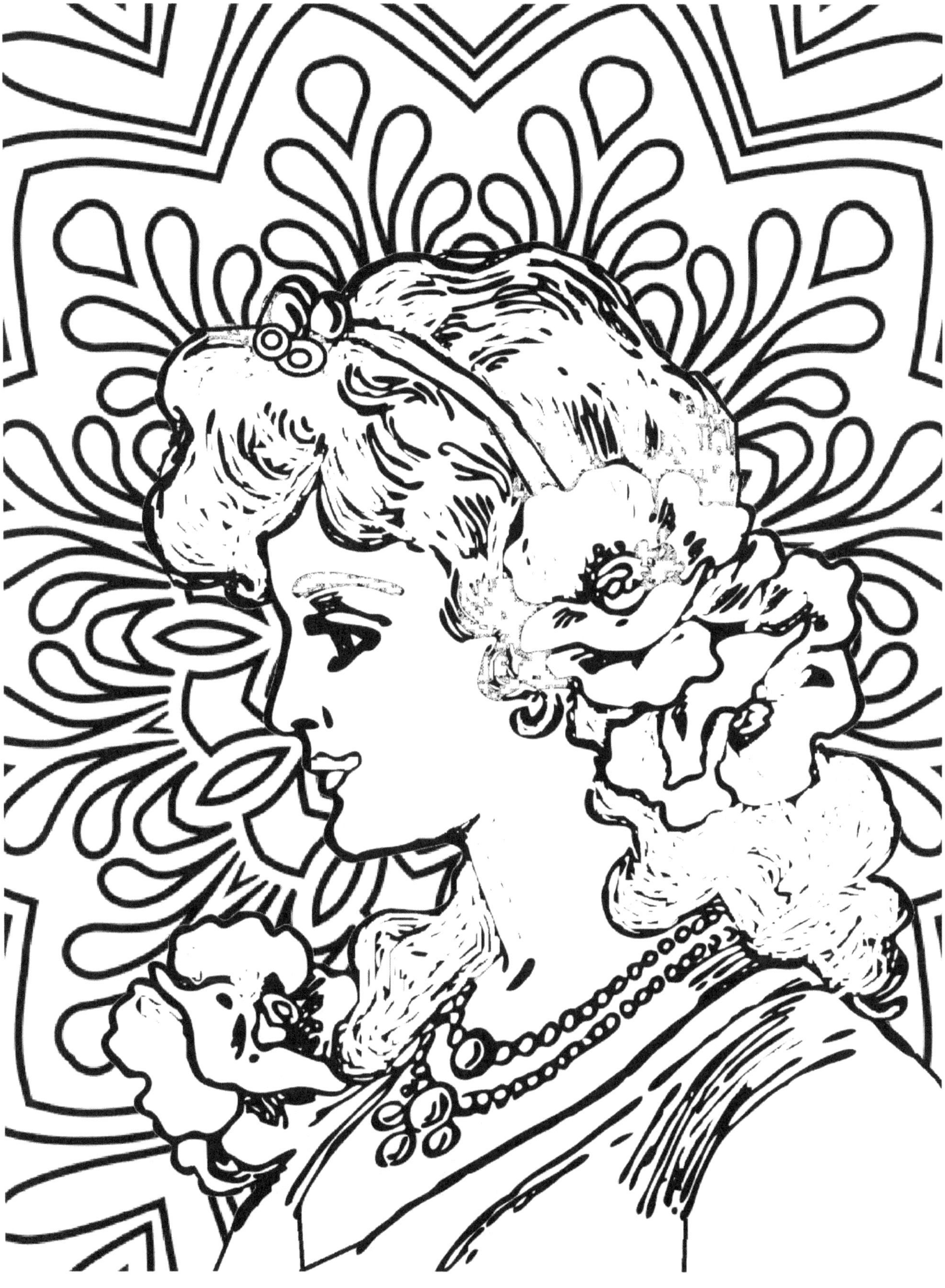

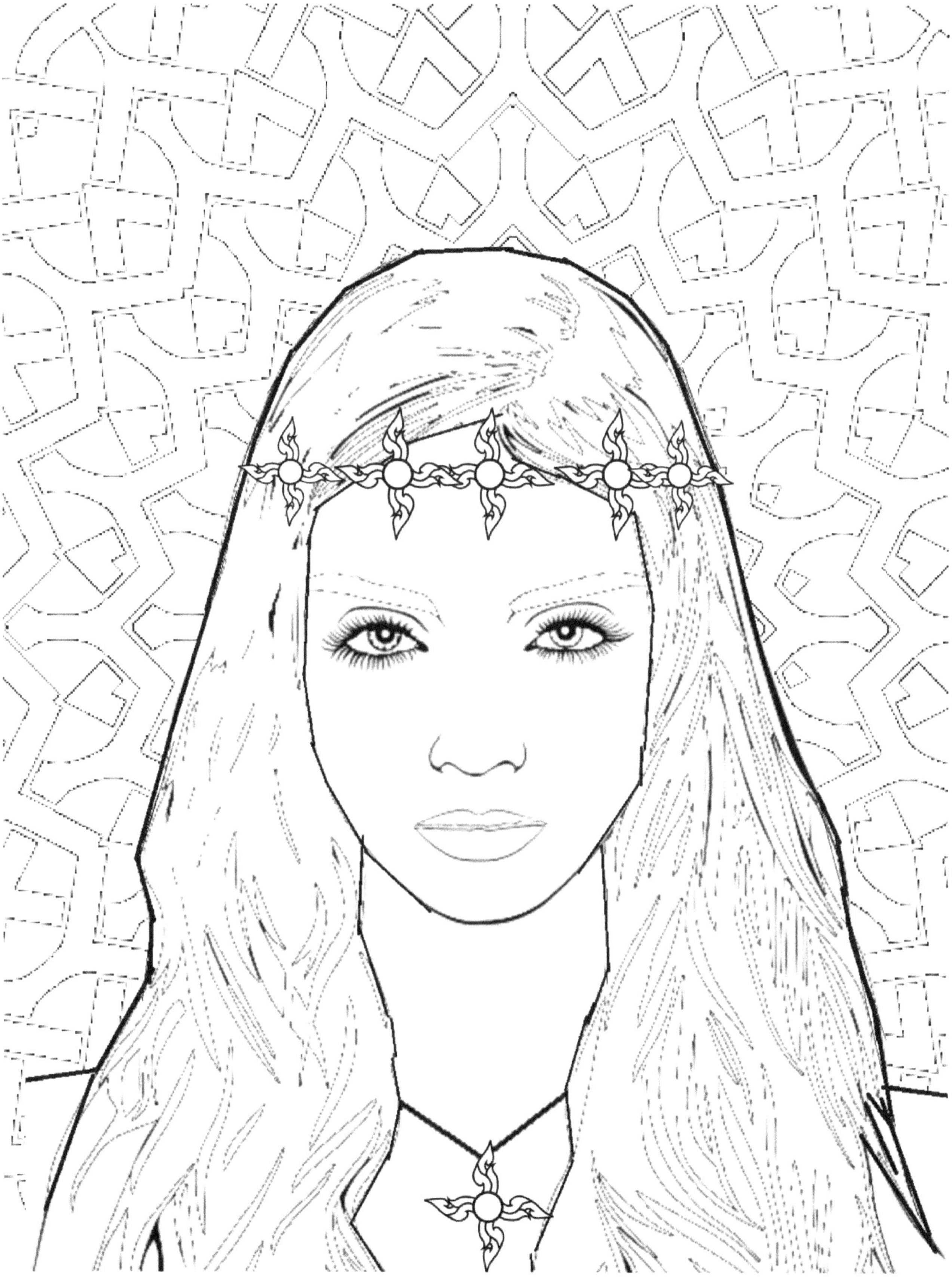

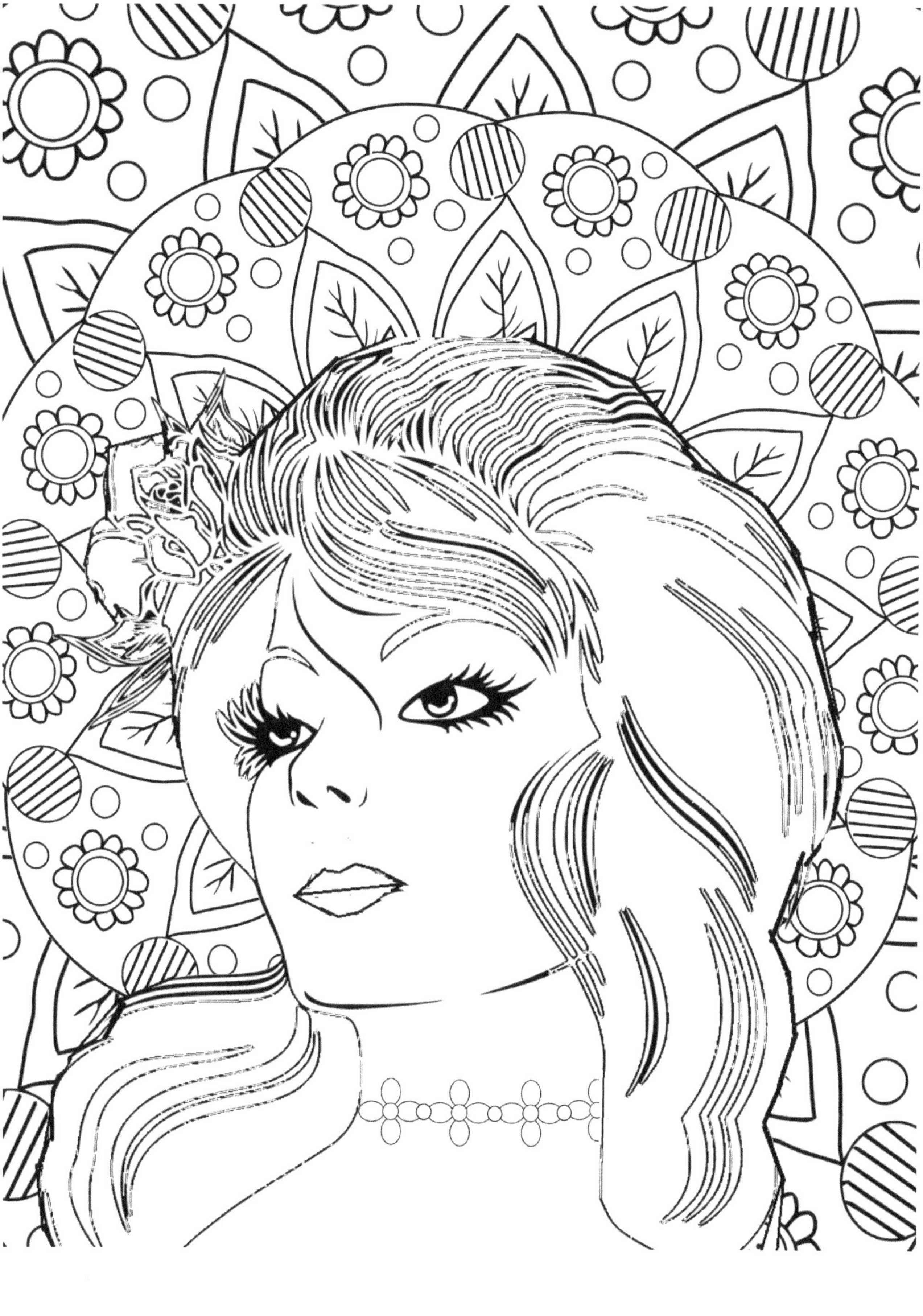

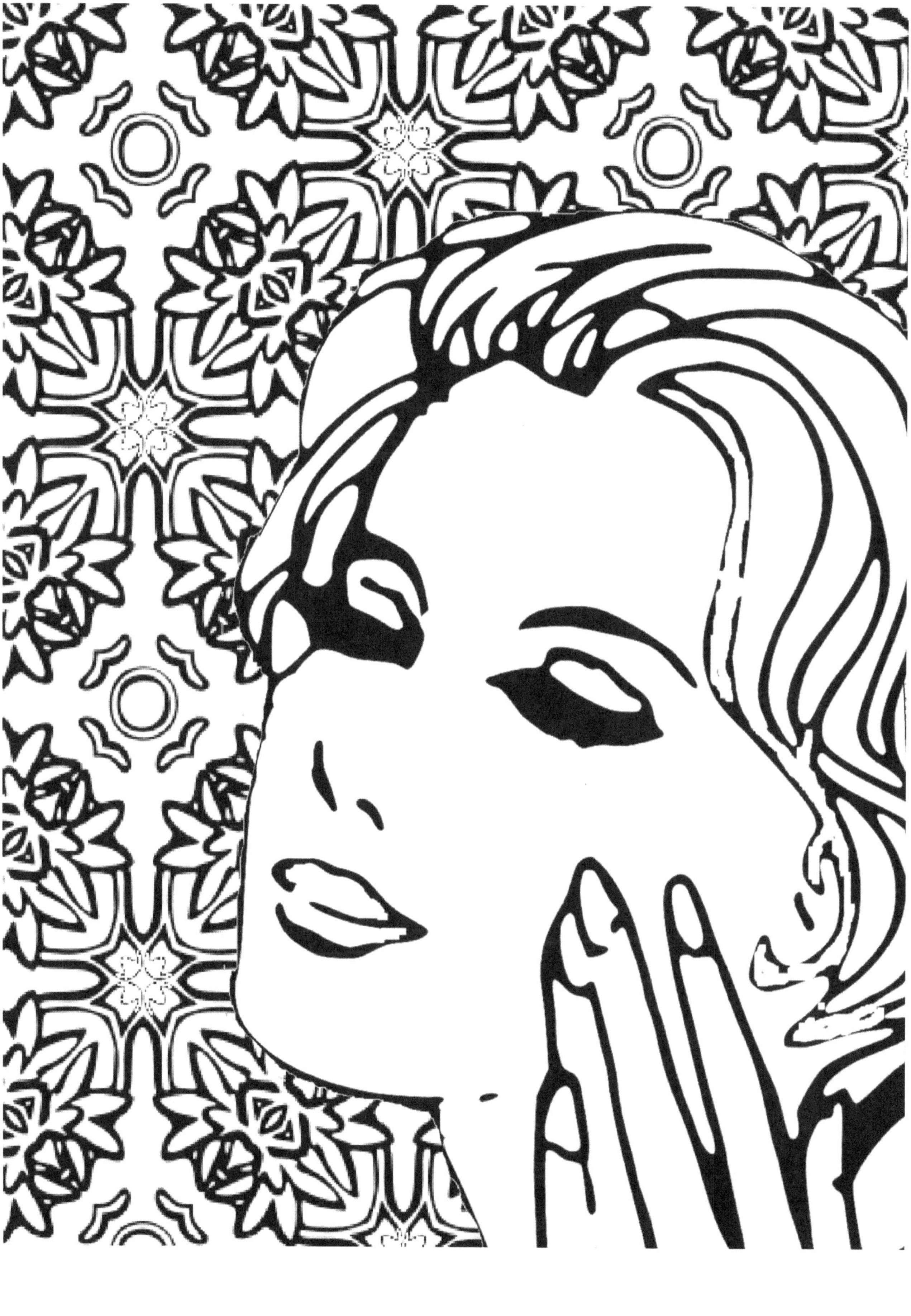

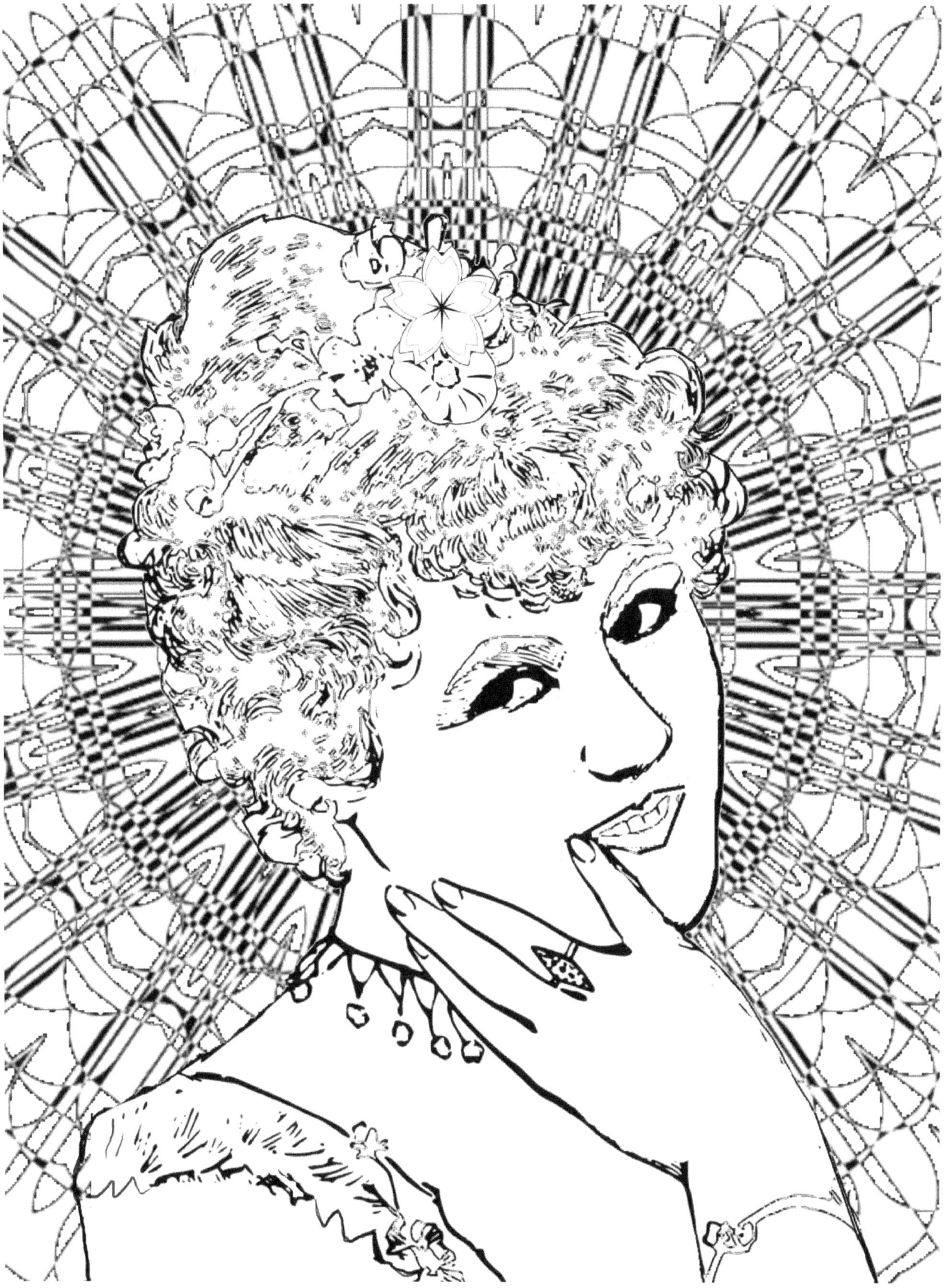

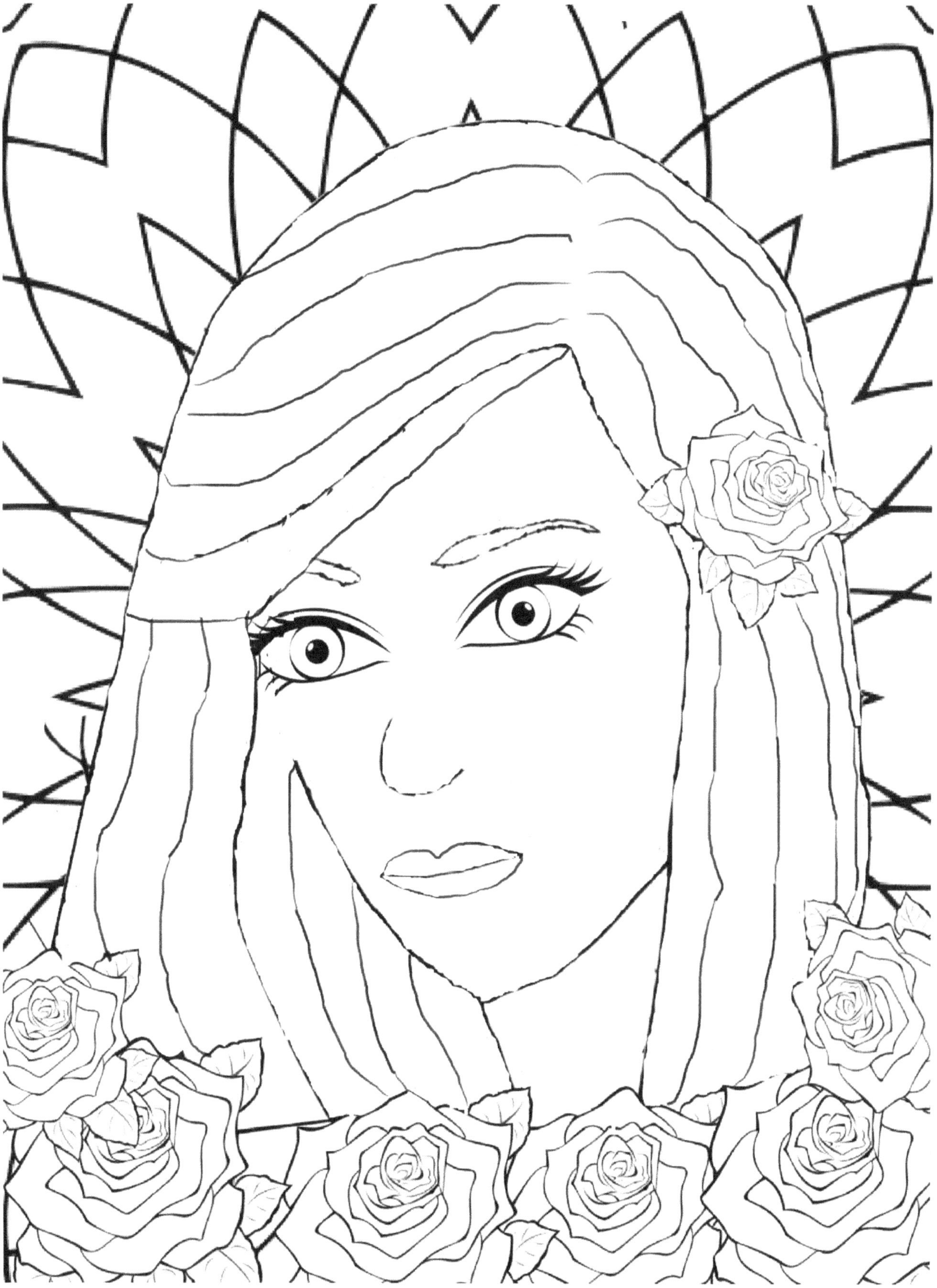

www.ingramcontent.com/pod-product-compliance
Lightning Source LLC
Chambersburg PA
CBHW081615170526
45166CB00009B/2974
* 9 7 8 1 5 2 1 7 2 9 6 5 6 *